Zurück zu mir

HANNA KASSNER

Zurück zu mir

Bibliografische Information der Deutschen Bibliothek:
Die Deutsche Bibliothek verzeichnet diese Publikation in der Deutschen
Nationalbibliografie; detaillierte Daten sind im Internet über
<http://dnb.ddb.de> abrufbar.

© 2006 Hanna Kassner
Herstellung und Verlag: Books on Demand GmbH, Norderstedt
ISBN 3-8334-3699-9

Für meine Kinder
Tanya und Tobias

Inhalt

Neuanfang

Da sitz ich nun im Sonnenschein
so müde sind die Glieder.
Wie kann es nur so dunkel sein
ich schließ die Augenlider.

Das Dunkel kommt von innen raus
ich kann es gut erkennen.
Es ist der Seele tiefer Schmerz
schwer ist er zu benennen.

Drum steh ich auf und renne fort.
Ich renn zurück ins Leben.
Denn das, ich fühl es ganz genau
hat vieles noch zu geben.

Da steh ich nun im Sonnenschein
und strecke meine Glieder
ich lasse all das Licht herein
das Leben hat mich wieder.

Zurück zu mir

Zurück zu mir,
ich suche Führung,
woran kann ich mich orientieren?
Der Lärm der Welt
ist laut und wirre,
ich muss die eigne Seele spüren.

Ich nehme mir Zeit
und schau nach innen,
erkenne meine eigne Kraft.
Und ist der Weg
auch noch so lang,
am Ende ist er doch geschafft.

Zurück zu mir,
ich spüre Führung,
kann mich nach innen orientieren,
bestanden ist die Himmelsprüfung.
Wie konnt ich mich
nur so verlieren?

Ich streichle meine Seele

Ich streichle meine Seele
ganz sanft und mit Bedacht
und spüre nach im Innern
was mich jetzt glücklich macht.

Es ist noch viel zu lernen,
ich muss es mir gestehn
auch mit den eignen Schwächen
behutsam umzugehn.

Kritik zu unterlassen
Humor mir zugestehn
und all meine Facetten
für immer anzunehm'n.

Ich streichle meine Seele
ganz sanft und mit Bedacht
vereint sind Licht und Schatten
was Heilung möglich macht.

Ich wünsche mir Zeit

um am klaren Gewässer zu meditieren,
unter blühenden Bäumen zu träumen
und am Strand entlangzuspazieren.

Zeit – um achtsam durch die Natur zu gehn
und, was sie mich lehrt, auch zu verstehn.

Zeit – um spielenden Kindern zuzuschaun
und wahrzunehmen, dass sie dem Leben vertraun.

Zeit – zum Singen, Tanzen und Lachen
und noch einmal ganz alberne Dinge zu machen.

Zeit – um mit guten Freunden am Feuer
über alte Zeiten zu klönen und all die Abenteuer,
die das Leben so schreibt.
Dafür wünsch ich mir Zeit.

Auseinandersetzung

Du stehst mir nah
ich hab dich gern
nie möcht ich dich verletzen
und ganz egal, was auch passiert
ich werde dich wertschätzen.

Und streiten wir, hat jeder Recht
wär schön, wenn wir das ließen
denn alle Dinge haben nun mal
verschiedene Perspektiven.

Gibt's was an mir zu kritisieren
was du nicht kannst verzeihn
so lass mich doch
ich bitte dich
dein eigner Spiegel sein.

Zum Abschied

Du gingst aus meinem Leben fort
ich kann es kaum verstehn
es macht so traurig und betrübt
warum musst du jetzt gehn?

Der Abschied ist so schwer von dir
ich fühl mich dir so nah
weil ich bei dir zu jeder Zeit
ein Stück zu Hause war.

Auch wenn ich dich, so scheint es mir
für jetzt verloren hab
so bin ich doch voll Dankbarkeit
dass es dich jemals gab.

Und bist du nun auch fern von mir
die Hoffnung niemals schwindet
dass wir uns einmal wiedersehn
weil Liebe uns verbindet.

Weggefährten

Es gibt so viele Menschen
auf meinem Lebensweg
sie haben mich begleitet
und manche tief bewegt.
Wenn ich es recht bedenke
so hatt ich wirklich Glück
denn einige blieben lange
doch andre nur für einen kurzen Augenblick.
Nicht einen möcht ich missen
es hatte seinen Sinn
sie haben mir geholfen
zu sein, wer ich heut bin.
Sie zeigten mir die Schwächen
sie halfen zu verstehn
mit ihnen konnt ich lachen
durchs Tal der Tränen gehn.
So viele Weggefährten
die ein Stück nur
meine Straße gehn
den einen oder andern
den möchte ich wirklich gerne
noch einmal wiedersehn.

In Liebe verbunden

Du kleiner Mensch in meinem Arm
ich möchte für dich sorgen
dich trösten, schützen jederzeit
fühl dich bei mir geborgen.

Du kleiner Mensch auf meinem Schoß
hab dir so viel zu sagen
zu dieser Welt und was sie hält
zu allen deinen Fragen.

Du kleiner Mensch an meiner Hand
lass uns gemeinsam gehn
das Kinderwunderzauberland
mit deinen Augen sehn.

Du junger Mensch, du bist jetzt groß
kann dir nicht mehr viel geben
ich liebe dich, das ist mein Los
viel mehr noch als mein Leben.

Herbst

Der Wind fegt übers Land dahin
er weht in bunte Bäume
was sich jetzt loslässt fliegt davon
wie meine Jugendträume.

So wie der Wind rast auch die Zeit
ich steh im Herbst des Lebens
bin auch zur Korrektur bereit
es war doch nichts vergebens.

So vieles möchte ich noch tun
ganz interessante Sachen
ich hoffe nur es bleibt mir Zeit
um alles noch zu schaffen.

Der Nachtfrost klirrt und reift das Land
am Himmel tausend Sterne
die Kälte kriecht in mein Gemüt
mir fehlt der Liebe Wärme.

Arbeitswelt

Die Würde des Menschen ist unantastbar
so hab ich es gelernt
doch in der heutigen Arbeitswelt
hat man sich weit davon entfernt.

Kann man als Mensch in dem Prozess
den Stress nicht mehr aushalten
dann bitteschön hinweg mit ihm
wir müssen umgestalten.

Gemacht wird, was die Kohle bringt
und zwar um jeden Preis
wer kümmert sich denn wirklich drum
wie hoch auch der Verschleiß.

Wer leistet sich schon Menschlichkeit
wer will denn schon verlieren
es reicht doch dann, wenn einige
ganz kräftig profitieren.

Am liebsten hätte man doch gleich
für alles nur Maschinen
die lassen sich doch wunderbar
auf Knopfdruck leicht bedienen.

Ich find es unmenschlich, einfach unfassbar
verändern wir es bald
denn die Würde des Menschen bleibt unantastbar.

Mangel

Was glaubst du denn da, wer du bist
so arrogant verletzend
kann es denn sein, dass du vergisst
dass du so menschlich bist wie ich.

Es mag wohl sein, mit Macht und Geld
da kann man imponieren
doch wenn du beides dann missbrauchst
ist das manipulieren.

Ich seh, dass du im Mangel bist
du möchtest kontrollieren
nimm dich doch an, so, wie du bist
auch das ist faszinierend.

Du bist ein Mensch genau wie ich
musst vieles ausprobieren
wir alle lernen Schritt für Schritt
fang an zu akzeptieren.

Veränderung

Veränderung, man merkt es kaum
geschieht doch jeden Tag
blickt man zurück, erkennt man sie
kann sein, dass man sie mag.

Doch manchmal läuft das Leben quer
in völlig falschen Bahnen
gilt es bewusst Veränderung
ins Leben einzuplanen.

Es braucht viel Mut und macht oft Angst
wir müssen was riskieren
auf völlig unbekanntem Pfad
was Neues ausprobieren.

Wir wissen niemals vorher
ob´s uns auch weiter bringt
vertraun wir doch dem Leben selbst
so wie ein Schmetterling.

Leben heißt Veränderung
Veränderung heißt Leben
und Wachstum dankbar anzunehm'n
was könnt es Schönres geben.

Selbstliebe

Fühl echte Liebe ich zu mir
wie reich ist dann mein Leben
nur was ich selbst in Fülle hab
kann ich auch andern geben.

Nicht Egoismus, Arroganz
sind hiermit gleichzusetzen
Selbstliebe meint das eine nur
sich selber wertzuschätzen.

Ich bin nun mal, so wie ich bin
an mir ist nichts verkehrt
auch meine Fehler haben Sinn
das macht mich liebenswert.

So ist ein jeder, wie er ist
ganz vielschichtig, das mag ich
und bleibt unter Millionen noch
doch immer einzigartig.

Der heutige Tag

Ein Tag wie kein anderer Tag
ist der heutige Tag.
Ich kann alles tun
was ich mag.

Studieren, sinnieren, kreieren
und alles mögliche ausprobieren
an diesem Tag
der mir sagt
handle weise, nichts erzwingen
so wird dir vieles auch gelingen.

Was für ein Tag
den kein andrer ersetzt
denn handeln und leben
kann ich nur im Jetzt.

Mut

Alles was Mut macht
möchte ich dir schenken
bleibe dir treu
sei klar im Denken.

Handle stets aufrecht
sei stark wie ein Fels
verurteile niemanden
auch nicht dich selbst.

Güte für andere
den eignen Wert sehn
wo Liebe ist
wird Angst vergehn.

Spüre deine Sehnsucht
wo Träume wahr sind
folge dem Weg
und DEIN LEBEN beginnt.

Freiheit

Ich liebe die Freiheit
ich atme den Wind
wohl wissend dass Freiheit
nur in mir beginnt.

Mag sein, dass ich häufig
kompromissbereit bin
niemals vergessend
ich atme den Wind.

Freiheit ist immer
wo alle frei sind
Respekt vor dem Nächsten
ich atme den Wind.

Ich kenn meine Ziele
alles hat seinen Sinn
ich liebe die Freiheit
denn ich weiß wer ich bin.

Der Mensch an sich

Ein jeder Mensch,
so seh ich das,
ist wie ein Diamant.
Sehr kostbar und ein Einzelstück
auf seine Art brillant.
Ein Diamant mit feinem Schliff
und hundert von Facetten
doch nur die einen strahlen hell,
wie wir gern alle hätten.
So ist es unser Lebenswerk,
die dumpfen zu polieren.
Doch immer nur die eigenen,
nicht andre interessieren.
Das Ziel ist es,
so seh ich das,
zu strahlen im Lichterschein.
Ein Diamant ist wunderschön
erst, wenn er lupenrein.

Freude, Spaß und Spiel

Das Leben ist nicht wirklich ernst,
es ist, was wir draus machen.
Vergessen wird oft Spaß und Spiel,
die Freude und das Lachen.

Spielen ist auch Lebenskraft,
vertreibt die Alltagssorgen,
erhält uns jung, vergnügt und frei,
vergessen ist das Morgen.

Mit Menschen, die mir nahe stehn,
ganz unbekümmert lachen,
ist doch die beste Medizin,
kann einfach glücklich machen.

Und selbst in der Erinnerung
an freudevolle Zeiten
spür positiv ich Energie,
werd immer dankbar bleiben
für dieses Memory.

Frühlingssonne

Die erste Frühlingssonne scheint
ins Herz und ins Gemüt
auch die Natur scheint jetzt befreit
so dass sie sprießt und blüht.

Sich wohlfühlen, wo niemand hetzt
von Last und Druck befreit
ich atme tief, entspanne jetzt
zum Leben neu bereit.

Ganz frisch und klar die Energien
sie prickeln fast vor Freude
genieße so den Sonnenschein
wie tausend andre Leute.

Ein Lächeln schenken, einen Blick
in Augen wie zwei Sterne
auch ich, ich bin ein Kind des Lichts
und brauche Sonne, Wärme.

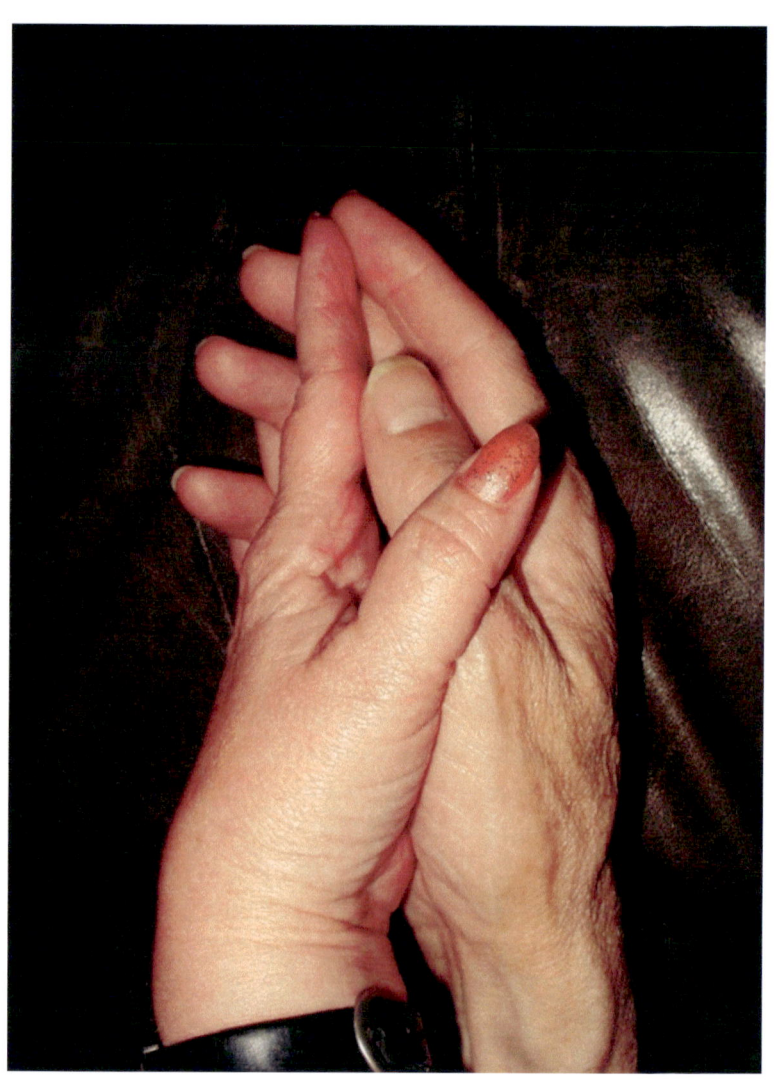

Hand in Hand

Vertraute Hand in meiner Hand
lass uns gemeinsam gehn
ein Stück des Wegs, der vor uns liegt
wir werden uns verstehn.

Ich fühle es, so wird es sein
bin immer da für dich
und brauch ich dich, so bist du stets
auch immer da für mich.

Gewiss, es war nicht immer so
wir hatten uns verloren
doch aus dem Trennungs-Wachstumsschmerz
sind wir dann neu geboren.

Ganz kraftvoll, selbstbewusst und frei
lass ich mich nochmals ein
sage ein klares JA zu dir
denn Liebe muss es sein.

Ich bin, wie ich bin

Ich bin, wie ich bin,
für dich nicht ganz leicht,
mal verschlossen, mal fröhlich
mal stark, mal ganz seicht.

Versuche mein Bestes
das weiß ich genau,
manchmal bin ich auch erst
im Nachhinein schlau.

Entwickle mich stetig
und bleibe mir treu,
bin immer dieselbe
und trotzdem oft neu.

Ich weiß, du liebst mich,
auch für mich ein Gewinn,
doch bitte lieb mich
genau so wie ich bin.

Vertrauen

Ich vertraue dir, wieso denn nur
ich kann es nicht begründen
selbst Wissenschaftlern fällt es schwer
den Grund herauszufinden.

So fühle ich, du machst mich stark
wo Angriffe mich schwächen
vertraue ich auf deinen Rat
Besonnenheit, nicht rächen.

Du bist mir fremd und doch vertraut
ich möchte dich nicht entbehren
die Wissenschaft versagt da ganz
Gefühle zu erklären.

So trau ich mir, dir zu vertrauen
ich kann mich nicht verwehren
bei den Gefühlen klar in mir
auch wirklich hinzuhören.

Überfluss und Fülle

In Überfluss und Fülle leben
ist unser aller Recht
warum, so frag ich, geht es nur
so vielen Menschen schlecht.

Sollt es denn wirklich möglich sein
dass wir uns selbst blockieren
mit alten Glaubenssätzen gar
die Zukunft mitkreieren.

Bewusstsein und Veränderung
sind jetzt in meinem Denken
mit liebevollen Energien
werde ich mich selbst beschenken.

Überfluss und Fülle stehen
für kosmische Struktur
und alles dankbar anzunehmen
ist Lebensfreude pur.

Vergänglichkeit

Vergänglich ist doch alles hier
die Schönheit, das Verlangen
auch Menschen, die mir nahe war'n
sind längst dahingegangen.

Ich bin dafür empfänglich
was ist schon lebenslänglich:
doch immer nur vergänglich.
Es macht mir Angst und es befreit
vergänglich sind auch Schmerz und Leid
ein Kreislauf ist die Zeit
die Liebe aber bleibt.

Vergänglich die Vergänglichkeit
vor Freude wird mir bang
denn hinter der Vergänglichkeit
da steht der Neuanfang.